人類から
未来永劫戦争をなくす
そのために

SATOYAMA Katsuyoshi
里山 勝義

文芸社

序にかえて

現代の世界状勢は、正に八方塞がりの状況を呈している。二十世紀から二十一世紀を展望して、大歴史学者であり、思想的リーダーとしての哲学者であるトインビーは、世界の前線で活躍している実践的著名なる多くの人々に働きかけ平和構築を希求するが、現実の世界の状勢は物質文明へ流れ、更には精神文明は浅薄へ流れ、人々は、人類は迷走し、混乱化している。

しかも人類の歩みは、対立軸が迷走の中心にある！　従って、対立は深まるばかり。加えてヒューマニズムは、人々の、特に若者に、大きな希望を育むことより、横並びの平均化した教育が主流になり状勢は悲しい方向にある。**この迷走を止めるために、遠回りのようではあるが、根源にまで遡ることが何よりの近道であると気付かねばならない！**　幸い人間の心のエネルギーは、又思考にしても、時空を超える能力があり同時に、歴史からも核心を学べる。哲学者としてのトインビーが多くの世界の実践的著名人に対話を展開しても、現代の物力文明の現実から、**どのような哲学的発想を抽出しても、参考にはなっても、**

繁栄とか平和構築のための生命の根に繋がっていなければ、必然的に枯れていく、今は根本療法こそ必要な時代――それほどに繁栄と平和構築は永遠のテーマなのである。

しかして！　――すべての生命はどのように生まれ、受け継がれ、更には生命は、歴史に愛のエネルギーの躍動を有して、どのように関与して来たのであろうか。

この伝説的ノンフィクションとしての、歴史上の説話を、系図的に、純粋で義なる人々の神創造主との邂逅の中で、どのように関係性が成されて来たのか、又は成されなったのか、これらの事を分析し、神創造主と人間の乖離《かいり》について考察をし、忘却の核心をつかむ歴史観である。前向きな思考をもって良心、良識で純粋に認識されるように望む。

この歴史観は教科書的なものでなく、本源の人類の命、厳密には永遠の命の歴史観である。

これは真摯な究極の提案である。

そして、神創造主と人類、自然の壮大なるロマンである。

加えて重要な認識は、全てに多様性があるように、宗教も例外でない。神創造主の迸る《ほとばし》愛を起点に、永遠性、深遠性無限性に反し社会を害するカルト集団は論外だが、本来の社会のためになる宗教も多様性、豊かであって、美しい。これを大切にパラダイスを創るもの。その理念は、自由！　愛！　感謝！　そう認め合うこと、支え合い、助け合いに充ち！　神創造主も喜びて、抱きしめられる対象、それらの認識が構築されたものが、宗教としての存在価値を、人類に永遠に語りかける。

目次

人類から未来永劫戦争をなくす　そのために

私のプロフィール　――常識に囚われない独自の切り口で

一九四五年八月五日、私は長崎の原爆投下数日前に長崎のカトリックの家に生まれる。幼少の頃の教会とその周辺の爽やかで、聖らかなイメージが思い出される。物心がついてからは、キリストの十字架へのプロセスを、教会のその聖らかな絵画を観ながら――祈っていました。

そのうちに何故に――野に於いて純粋な愛を、集ってくる人々に伝えていたキリストが、罪を負わされ、茨の冠を被《かむ》せられ鞭打たれ、残酷な十字架での極刑に曝《さら》されたのか。神様は何故、助けなかったのか！　幼き心は叫ぶように、問うた。今、ふり返ると……その時が、私の目覚めの時であった。

以来、神創造主は「覚醒」した私をして、人生を陰となり、日向となって寄り添うように導きくださったと実感している。こうして、青春時代は正に左翼の炎が燃え盛っていた時代だけに、命がけで神創造主を希求しながらも、同時に神創造主を否定する者達に対応してきた。**正に——今尚、存在していることが不思議なくらいである。**しかし終盤に、信じていたものが無残にも崩れ、あまりにも大きな挫折となった。思想リーダーの一人、内**村鑑三の再臨運動からの流れと信じていたものからの挫折——以来十年以上、私は神仏を見失った。挫折の極まりと思えるほどに、神仏を見失った。地獄の底を這いずるように……。**

そのような中にも、益々、社会は混迷混乱に向かっている——なんとかならないものか！その様《さま》が、思いが……切なく、自らの深奥にせまってくる。**そんな時、竜馬の生き方。その純粋に、日本を思う生き方に、地獄の底で、心善い光を感じた。**

しかして私も、もう一度、原点に戻り、まず見落としていた東洋哲学の孔子の研究を始めた。その結果は、すばらしい発想だが、ヒューマニズムの観点に偏り、深遠なる根源性に欠け限界を感じた。更には若き時の、思考の確認を兼ね、再度の西洋哲学の思考の道を訪ねるが、理性及び知性の領域の輪廻《りんね》に戸惑い方向性を定めることに困窮している。

勿論、その真摯な思いは素晴らしいが、やはり限界を感じる。釈尊の久遠への悟りは、深遠なる宇宙の展開の故に、時間に追われるように生きる現代人には理解の渕に悩むことになる。但し仏教の核心的教えは、人々の魂に慈悲の思いを伝えていることである。

しかして私は、サイエンスの世界にも思いが向かったのである。**それは相対性理論のア**

インシュタインの名言である。即ち「科学なき宗教は盲目であり又、宗教なき科学は片端である」。この言葉に、「活路を感じた」からである。しかして希求の結果、科学の世界も素粒子の世界から次へのプロセスとして無限大の世界へ向かっていると気付き、青春時代、命がけの歩みの中から学んだもの悟ったもの、これまでの全てを網羅して「本源的哲理論」及び「有神的歴史観」に格《いた》らして頂く。

しかして初めて、地獄から必死に這い上がることができた!! **正に奇跡の中、自らの手足で勿論――陰ながら、神創造主の見守り導きもあり――神創造主と邂逅《かいこう》できたのである!!**

――時を忘れ「祝福の山」で、感動、感銘！ そして感涙の中――神創造主の「完璧な愛」の懐の中――「歓喜」に包まれ、思わずこのまま昇天を願った。一九八一年三月五日であった。

――暫く時を置いて、神創造主は「ミッション」があることを、お伝えになられた。それは厳《おごそ》かな思いに包まれ――優しさに溢れ――**これまでのプロセスから未来に向かって成すべきインスピレーションが伝わってきた、神創造主は言われる。言葉よりも、インスピレーション「啓示」がより高度な魂との交流方法なのだと。即ち、言葉を越えた感性**

の会話の世界であった。――「そうですか」と、私は魂で応じた。しかしてそれからは、炎天下の中、そして雪の日も、「祝福の山」で、祈り続けた！

それから――三年目！　**医師であり賢者である中村哲氏が、正に彗星の如く愛の奇跡の恩寵を懐《いだ》き――地球の火薬庫と言われる中東、その一つの国であるアフガニスタンに現われた。**そしてその内容は読書された方も、ＮＨＫ等のメディア、又地元の西日本新聞を通し御存知の方も多いでしょう。学校などでは、未来を創る子達への教材ともなっている。

著書『天、共に在り』を読まれるとすばらしき内容は解って戴けよう。

中村哲氏の存在は、人類の歴史を根源にまで遡《さかのぼ》るが如く、問題提起を成すが如く、まさに賢人としての生命の輝きを感じさせる――その存在感を彷彿とさせる――しかしてその実像は偉大なる天から賦与されし英知を実践化する、**現代に蘇った偉大なる義人であった。これからの人類の繁栄と平和にとって、偉大な存在であった。**二〇一九年十二月暗殺される。

心からの追悼の思いを捧げます――。

今は激流の時！　残された一人一人が、いかにあるべきか。神創造主と共に――

さて、この偉大なる義人、中村医師については後に譲ることとして、一九八一年三月五日、神創造主と青天の霹靂《へきれき》の感動の邂逅の後、「祝福の山」にて、ミッションの一つとして祈念し続けて十年目、即ち一九九一年十二月、神を肯定するアメリカと世界を二分して、神創造主を否定し、冷戦という一触即発な状況をつくったソビエト連邦が、人類史上から消滅した。この崩壊までの経過を語ることで、歴史的奇跡がどのように起きるのか、その時の劇的な重要な一部を観ることが出来る。

チェルネンコ時代に経済活動は下降し、代わって政権についたゴルバチョフが、再建を目指し動き始めるが、困難を極める。そこへチェルノブイリ原子力発電所の大事故が起こる。この時の正確な情報が、ゴルバチョフらの最高幹部に伝わらず大変な状況となり、これを機に、グラスノスチ（情報公開）へ移行し、結果。国民と共産党員との生活内容の違いが明らかになり、国民の不信や不平が生まれ、急激に崩壊へ流れ始め、保守派のクーデターが起きる。

ゴルバチョフは軟禁される。この流れに反対していたロシア連邦国大統領のエリツィンが反対に立ち上がる、正にソ連内における危険な状況が起きるのである。保守派の戦車軍団が都市部へ攻め込んで来た、その緊迫した状況でエリツィンと軍団の将軍との会談は行われる、そう、その緊迫の流れの中、奇跡は起きた。即ちエリツィンと将軍とが、同じ里の生まれと解りロシア民謡が語り継ぐ、ロシア人特有の温りが、命と命の繋がりが、一触即発の中だからこそ、純粋に花開き、この上もない良心が響き合い民族愛が完結したのである。後で説明するが、この高貴なる愛のエネルギーこそが偉大なる奇跡を生んだのである！　しかして大流血の悲惨の歴史は避けることが出来たのである。これに対して悲惨な天安門事件はどうであろう。神創造主を否定する中国共産党は若者の瑞々しい自由を求める声を武力で踏み躙《にじ》り、何千何万人もの尊い命を惨殺した。

これらの暴挙にいかに対応できるかで苦悩することこそ、真の平和へ格《いた》る！　人格を有する！　厳密に言って博愛を有する。本来の人類のあり様なのです。ともあれ、天安門事件は当然、人類から世界から否定された。

これに対して、エリツィンと将軍の緊迫の対談は、人間の本来性に本源性にもとづく、殺し合うことでなく信じ合い支え合うこと、即ち、博愛の視点を本懐とするものであった。

上に登りつめる者ほど、この本来性、本源性は最重要認識課題である！　この認識なき者はリーダーではない。このプロセスこそ、歴史的に偉大な奇跡を完結する力なのである。このことこそ、驚きの神創造主の完璧なる生命のサイクルであり、その神聖なる愛と霊《いのち》のリズムなのである！　即ち、この愛のエネルギーこそ、宇宙の最強のエネルギーであり「愛は神であり」「神は愛だ」とアインシュタインも明言している。

神創造主の根源から迸《ほとばし》り朽ちることのない完璧な愛の神聖なリズムであり、これらの事象こそが、奇跡を創り、動き出すのである。

この事実を、明記することにより、神創造主が、いかに現代に、しかも世界のリーダー国のトップ達に、まさに徴に入り細に入り、導き給うたか。さて、ソ連崩壊後、プーチン大統領が出て来るまでの政治的流れについて。

米ソでは。米国において、ロナルド・レーガンが貧しき家庭からでも、明るく正義感強い人として育ち、神創造主の導きの中、更にやさしくユーモアを有し聡明に、豊かに成熟し、史上最も輝くスピーチでグレート・コミュニケーターとして米国人の前に彗星の如く現われ、一躍！　このような人にこそ大統領になってほしいと願望され、このプロセスを経て、米国政治家のトップに出現し、むずかしい国情の中、苦悩しながら、米国内に常にグレート・コミュニケーターとして、自国民に常に希望を伝えながら勇気を与えた。導いた。一方のソ連は政情不安定を呈し、崩壊に向かっていた。その中で米ソ対立も激化し、核戦争に向かっていたレーガンは、一度は暗殺者の凶弾に倒れるが、心臓をかすめた凶弾のため、この現象にも神創造主の人類への愛の息吹きを感じる。レーガンは一命を再び得て、結果、米ソの冷戦にピリオドを打つシナリオを創ったのである。核戦争に向かって激化する中で、彼は神がかりとしか思えぬ、極限の英知と英断を発揮し、ソ連のゴルバチョフ大統領に「このままでは人類は崩壊していく。この核兵器の激化的競争から、その崩壊の極みから引き返そうではないか！」と呼びかけ、苦悩の中から実現させ、しかし進まない会談の中、彼は天の導きの中あらかじめ下調べしていた湖畔の地に、ゴルバチョフと二人きりで「風に吹かれて、心を爽かにしましょう」と温かなキャンプの中語り合い、核兵器の撤廃への方向づけに、遂には書簡交換を成しとげたのである！　このプロセスの中、一気に米ソは歩み寄り始めた。その勢いは、ソ連保守派との最後の決戦を前に、軟禁されたゴルバチョフに代わり事実上継承したエリツィン大統領と、市街に乗り込んで来た、戦車軍団の将軍との民族愛により、無血革命が成就した。

その奇跡のプロセスは認《したた》めた通りである。

悲しいのは、ここでも乖離の呪縛が、人類を悲惨な方向へと引きずっていく！　エリツィン本人も最後に、巧妙に懐の中に入ってきたプーチン氏が何者であるか、気付いていたら！　と悔いている。もしエリツィン大統領が、無血革命は実は大いなる奇跡で、彼が神創造主の見守りと導きの中で成就できたのだということを聡明に気付き、謙虚に感謝していたら、それから先の展開は聡明に冷静に、プーチン氏について調べることが出来たはず！　冷静なリーダーなら、いわんや大統領である。側近にデータを集めさせれば、何者かは一目瞭然解り、政治に関心がある人なら彼がスパイ活動者である危険人物であることは、日本でない限り、海外では解る。日本はその点、長閑《のどか》だ。

エリツィン大統領も悲しむべきは、乖離の呪縛の中の一人であったということです。普通の人ならともかく、歴史の中心軸にある人が、乖離の呪縛の中に存在していたから、今のウクライナの悲劇は起きることとなった。人ごとではないのです。歴史上の中心軸で起きる事象、そこに関与するリーダー達は、この上もなく博愛の心に篤く燃え、聡明なる人類愛の視点で右だ左だとイデオロギーの次元で語り合うのでなく、アインシュタイン、そう科学者として偉大なる認識力を有する。彼が明言するように、最善にして最強の愛のエネルギーを活用して、世界のリーダー達は、レーガン大統領のように人類愛の次元で、そう神創造主が喜び抱きしめることのできる次元で、愛の外交能力をあらん限り活用して今の八方塞がりの世界状勢を一つ一つリアルに焦らず解決していくべき時なのである！　そのためにも乖離の思いから覚醒し、神創造主との邂逅を、出会いを真摯に思考し、今という永遠の時に、人類は存在すべきである‼

さてソビエト連邦の内情を、私はメディア等を通し細やかに知らされソビエト連邦の自由化を願って「祝福の山」で必死に、それこそ神創造主に、五体の限り、霊《いのち》の限りを篤く燃やすが如く、天地を貫き神霊に同化するが如く正に必死に祈念し続けた！　声も潰れんばかりに、人の物質的な命と永遠の霊《いのち》が創られし、神創造主の神聖なる愛の源のエネルギーと一体となる時！

天は動く!!

今！　この時、天は願われている!!

偉大なる命の展開が（中村哲医師のような存在が）天地の霊《いのち》の無限なるが如くに拡がることを、これらの事象が正に今日に現代に蘇ることを!!　それは、現代人の聡明な愛の感性と意識の展開により可能だとも言われる。即ち大ミレニアムな時代は人類の意識がこそ、即ち完璧な愛を思考する（キリストや釈尊達のような！）人々が、リーダーとして活躍することで、永遠の繁栄も平和のありようも見えてくるのである。現代で言えば一人一人に、中村哲氏のような可能性を、神創造主は望んでおられる。

しかして人類全ての輝きへの祝福のそのために、足元から、久遠の完璧の愛の、王道がプロセスを開くのである。**イデオロギーによって、右だ、左だと論じる時ではない。争う**

時ではない！

人類かけて苦悩苦労の甲斐のある‼　弱者を守ることを重要視しながら、同時に持続可能な地球のありようを意識しながら、神創造主の完璧な愛による永遠の、久遠の繁栄と平和の世界を、更には意識の世界を無限界まで拡め、多元宇宙の世界までの未来を見据えて平和の使徒として希望を描いて人類は進歩すべきである。そのために完璧に向かう思考をすべく、その愛の王道のプロセスを開くのである。人類の意識によって、そのために、神創造主をしっかり知ることからのスタートだと言われる。イデオロギーに囚われず、差別をせず人々を愛すべきである。

その普遍的な観点の書に親しみ、その結果をして普遍的に神創造主をトータルに認識して行けるように楽しむかのように。生活の中で博愛の意識を磨きながら生活にリズムを奏でる人生。ここに神創造主と「信頼関係」も「友情関係」も確立していくのです。恐れることはないのです。幼き時は幼いなりに表現するのです。神創造主は時に苦笑いしながらも理解するのです。

但し、畏敬《いけい》の思いは大切に。今日ほど神創造主が人々の心に霊《いのち》に接近し交流されようとなされている時はないのである。この大ミレニアムな歴史圏なれば、現代人類に、この意識の確立を願っておられる。勿論、元々、神創造主は人の、心の宮、霊《いのち》の中にも住まい給う存在。

その神創造主を、現代人は目先の生活に囚われすぎ、魂魄に、霊《いのち》に住まう神創造主への認識に格《いた》らず、結果、人間同士でさえ悲しいことに疎外し合い傷つけ合っているのが現実の生活である。だからこそ、博愛の心を大切に心の壁を取り除きましょう。それらのことによって奥深く劇的に結び合えるのである。真の親密さは、こうして創られていく。その本来の歴史を構築できなかったのが、今の、対立軸をベースとした人類の歩みであった。壮大な歴史観を説いて人々に影響を与えたトインビーも、長所短所があったとは言え、物質文明が栄えると精神的側面が衰退し、滅び行くその悲惨を伝えている、この点、良識者だった。事実、人類の歴史はこの悲惨をくり返して、今日に至っている。そして今再びその危機に直面している！　何故なのか、その不明なることを明確にしない限りトインビーが嘆くであろう。歴史上のしかも比較にならない悲惨な戦いが起きるのである。従ってこれまでの歴史軸のエキスに欠落していた観点の神創造主に視点を当て、本来の歴史軸へ再生していく、それが皇記約二千年、キリスト降誕後、約二千年が重なる、正に大ミレニアム時代における有神論としての歴史観なのである。ここに、東洋文明と西洋文明を完璧に向かう博愛によって、偉大なる調整調和を成就していかねばならない。対立軸的歴史でなく、そう偉大なる調整調和を勿論、南北の民族性、文化性を偉大なる調整調和のコミュニティーの花園と喜び讃えながら神創造主を視点の中心軸に置く。久遠を目標と定める繁栄と平和への道。はじまりも終わりもない。正に久遠のプロセスの道が観えてくるのでありますーーそう、ーー有神論としての歴史観をベースに久遠の、完璧な愛の王道のプロセスを開くのである！

長きプロフィールになりましたが、私が歩み来た、本源的、道程のエキスを伝える為、常識に囚われず表現しました、愛を見据えて理解をいただければ深く感謝をします。

ＳＴＡＧＥ・１　科学宗教歴史哲学的神創造主の認識

地球や生命体が偶然の集積なれば、破壊の連鎖と弱肉強食で地球及び生命体は崩壊している。しかし事実は、マクロの多元の宇宙も、ダークマター及びダークエネルギーに依って百三十八億年という気が遠くなる永遠の基準で存在し、素粒子が有形化し物質現象化し続け、一方のミクロの世界ではＤＮＡは美しき緻密なる設計図で構成され無限大の世界へと躍動し生存し続けている。生命科学者で、緻密な展開を観て驚き、偶然ではこの緻密な設計図は創られるものではないと『サムシング、グレート』の著者で、世界的遺伝子科学者村上和雄筑波大学名誉教授も神の存在を明言している。偉大なる神創造主の無限な構想の中で展開されているミクロのＤＮＡの世界が、マクロの宇宙の世界でも素粒子の躍動から有形化し物質化し、無限なる相対的展開を成している。アインシュタインも相対性理論で物理学者としての天才性から、数々の言葉を残している。例えば「主なる神は老獪だが、意地悪ではない」等、宇宙論や量子力学など説きながらユーモア的に意味深き表現を語っ

ている。彼のヒョウキンな顔が目に浮かぶようだ。

さて**理性的観点から帰納法的に神創造主の超科学的万能について説明しましたが、これからは目に見えない神創造主の世界を伝えるにあたり、理性を超えた感性の視点で演繹法的に伝えていきます、**人生の経験の豊かな方々は人生の山河の起伏の体験を基に思考していただき、若き人々は純粋な情熱を大切にしていただき思考の限りを――**さて理性を超えた目に見えない世界との交流は、インスピレーション（Inspiration）を働かせて交流することが、言葉を介するよりも高度な交流法なのであり、**即ち感性を磨くことにも通じるのであります。そう限界に挑み超えた時に、常識は変わっていくのです。**この目に見えない神創造主の深遠なる神秘の、無限の世界は、迸《ほとばし》る愛そのものの久遠の純粋で完璧なエネルギーなのである。**仏法的に表現すると色即是空、空即是色の世界なのです。始まりも終わりもない正に永遠久遠の存在なのである！

さて、神創造主はそのコアであり核心である迸る愛そのものを（これとても一つの文脈の奥に、人生の生き方により感性の度合が浅くもなり、深くもなる深遠な無限な世界）、そこから創られし、私達一人一人は生きて人生を創る即ち、**第二の神の内外の愛のエネルギーを賦与されし存在、創られし「第二の神として」極める、成就する、本来はそのよう**

な存在なのであります。しかし現実はあまりにも乖離した存在なのである――ともあれ神創造主は全てを体験するために、天地創造を始められた!!　勿論、その前に自らの偉大なるインスピレーション（Inspiration）やテレパシー（Telepathy）等の――時空を超越した完璧なエネルギーの限りを駆使し調べ尽くされた後に、純粋にして、完璧な愛のエネルギーを、解る他の存在がないことを認識し、前述したように天地創造をスタートされた。これが後々、科学者が言うビッグ・バン（Big Bang）現象である。即ち内に入り偉大なる愛と万能の超能力を、無限に展開することにより、即ち純粋にして完璧のエネルギーを、迸る愛の思いに従って超科学的に現象化された。このプロセスを各分野の能力を与えられし天才達が分析してマクロからミクロの無限の各次元の現象を科学的に表現して、目に見えない形として触れることの出来ない究極の存在としての一部を明らかにしているのである。天才アインシュタインは言っている。このプロセスを痕跡を調べることが出来るように創られている自体、奇跡なのである！　と創造主のそのプロセスを前述のアインシュタインや村上和雄筑波大学名誉教授等々の天才達が神創造主の各分野を科学的に実証して表現している。そう、創造主の超科学性、超能力を実証的に理解したい方は、これらの天才達の本をデジタル等で調べることができます。今は恵まれている。求めなければ、神創造主との出会いはありません。そこからが本当の自らとの出会いの旅が始まるのです。人生の旅が始まるのです。教育の分野で、これらの事が基礎から学べないのが大問題！　――ともあれ全ての存在としての、偉大にして無限なるその愛は、全ての純粋にして完璧なエネルギーをアプリケート（Applicate）して（現代風に言えば、即ち応用的展開をなして）自らの全てを体験をする！　偉大なる構想のもと、天地創造を始めておられる。まず必然として。愛に満ちた魂の世界、絶対圏としての天上界を初めに創造なされた。しかして後に相対圏としての地上界即ち宇宙を具象化された目に見えない素粒子等の物質化により、そう、愛の純粋にして完璧なるエネルギーの物質化に向かって現象化されたのである。しかして究極の存在として、申し訳なくもありがたい限りにも前述したように、神創造主の第二の自我とも言うべき、私達人類を創り給うた即ち絶対圏として、初めに創られた愛の魂達に、着飾るため地球においては最善にして最高の五体を賦与された。勿論、緻密な設計図の基に。

　これらのことに気付く時に自然に感謝の思いに充たされる存在なのであり、周りにある生命達に魂から正に喜びの抱擁をしたくなりましょう。そう！　理屈抜きに大自然との共生も川の流れのように一体化していきましょう。生まれくる人の子達も幼きより、理を超えて純粋なる命に輝いているでしょう。優しく生きている方々には微笑ましく。深遠に生きていらっしゃる方々は感動して胸が温かくなりましょう。時には目頭さえ温かくなりましょう。幼子達の所作の愛らしさは、ほろほろと可愛らしくて可愛らしくて、抱擁の限りで正に食べてしまいたくなりますでしょう。但し、ご存知のように成長と共にイタズラも増していきますがね。

生命の始まり、宇宙の創生を語る者には感性の世界に溺れ過ぎるかも。あまりにも純粋に輝く命を前にすると、感銘感動で感性が大空を飛び回るようです。しかして人の内なる心が神創造主から乖離さえしていなければ、心即ち魂はこれらの事象を知る〝知〟の存在なのである。

更に説明すると、ビッグ・バン（Big Bang）の超科学的プロセスの変化は、アインシュタインの述べるように、その痕跡を調べれば解るのです、これこそが奇跡であると言っている。天才の中の天才は正に天に向かっての卓越した聡明さである！　そして最近、アインシュタインの百年の宿題であった、「重力波」が科学者によってとらえられ科学的望遠カメラにてますます宇宙のことがはっきり観え始めており楽しみである。マクロの世界だけでなく、ミクロの世界ではｉＰＳ《アイピーエス》細胞「細胞を培養して人工的に作られた多能性の幹細胞」で京大の山中伸弥教授らが発見し二〇一二年にノーベル賞を受賞した。**先に述べたような世界的遺伝子科学者村上和雄博士（二〇二一年四月他界される）が、遺伝子の驚きの緻密な設計図で創造され、無限的展開をなしていることを発見し、神の存在を科学の観点から講演し続けられていた。**iPS細胞にしても、山中伸弥教授達のような良心良識基準の正当な人達に神創造主は委ねられた。これらの延長の先にあるのは、人工的人間の造成に連なる可能性があるからである。先に述べたように、極めると私達人類は、**神創造主の、第二自我とも成長できる存在なのである。**従って倫理道徳からはじまって、深遠にして聡明な愛の認識に一日も早く格らねば、科学に追いこされる。悪質な者が人工人間を作る等、その観点から危惧を感じる神創造主は急いでもいらっしゃる。もうそろそろ真の愛に目ざめよと。せめて博愛の心に格りなさいと！　此処から始めなさいと！　**神創造主をミクロからマクロまで純粋に希求する時に、現代は手にとるように、神創造主を断片的にでも観える時代に入ったのである！**　これらの事をベースに深く認識すればするほどに、**神創造主を科学的にも、哲学的に宗教学的にも、道徳的にも、しかして人類が必死に歩みきた歴史の中心軸に置く必然性に。くり返せば、遅すぎたにしても、覚醒すべき大ミレミアムな歴史圏なのである。**サイバーの目に見えぬ世界では、御存知のように中国、ロシア等々が世界的に攻撃を始めている。各国の重要機器情報を始め、防衛機能の混乱を起こす攻撃等々である。表層的な平和感に溺れてはあまりにも危険な現代社会なのである！　**油断なく一日も早くせめても、博愛心に覚醒していただきたい！　その意識で世界人類に博愛の眼差《まなざ》しを向けて下さい。**あまりにも恐縮の限りではありますが、神創造主に代わりお願いしたいくらいです。

STAGE・2　有神論としての原点

述べてきましたように、神創造主の偉大なる、無限の構想を、私は人々に解りやすいように、帰納法的論理の展開から始め、そのために宇宙の始まりから、生命の深遠な神秘の世界をアインシュタインから生命科学の世界的遺伝子学者村上和雄筑波大名誉教授等、秀れた天才達から科学の世界を通して帰納法的に伝え又、演繹法的に、神創造主の世界を科学性を交じえて伝えてきました、前述しましたように、秀れた天才達の本を通して自ら希求されると、必ず神創造主は希求した方々に答えてくれるものです。

そう、謙虚で純粋であればあるほどに深遠な魂の響き合いの如きに、ある時は身近な出来事の中とか、ニュース等メディアを通し、貴方に今必要なことを。キリストも言われたように聡《さと》くありましょう。人を通しても……あまりに遠くの存在と考えないでいただきたい。神創造主は心の宮としての魂に住まい給う。神創造主は共に生きようとされていることを忘却されないように心を込めて伝えます。この忘却の積み重ねが人類が神創造主から、

乖離して人類の親とも言うべき存在から、正に乖離して、そう人々は必死に歩みきた。人類の負の蓄積が、即ち歴史が、今日の凄惨な戦争の歴史として脈々と現代にまで続いてきた。大忘却の歴史の流れとなって、人類を暗黒の世へと！――かの歴史学者トインビーさえ知者の故、その知に走りすぎ、歴史の根源の根源にまで探究せず希求せず、現世的な方向に動いたことは無念の格りである！　**トインビーほどの歴史学者が一如を貫いてくれたなら神創造主と人間、人類との関係性が依り明確に歴史上で息づき、〝大忘却〟が何故《なにゆえ》の〝大忘却〟なのか、核心を認識できたかもしれない！**　今、この時代に世界的規模の戦争が始まったとしたら**――ところがこの書を認めていた中、ロシアのプーチンが侵略戦争を世界に向け始めた。**これまで経験した事のない地獄を！　コロナからの恐怖の比にならない、正に言葉に表現できない凄惨な現実を経験することになりかねない。**しかして重大な事は、早く目覚めることである！**

ならば、この現実から脱却し、繁栄と平和という希望を掴み取るために〝大忘却〟という、その核心のコアに格ることである、このために慎重の上に慎重を重ね、**神創造主の存在を帰納法的論理の展開を、現代社会に思考を合わせ、即ち一人でも多くの人々が希求しやすいように科学の視点を大切に大切になしながら説明してきた。**勿論、悲しむべきは深測なる神秘性を軽くつまり無視することで！　人類の恒久的かつ永遠性へと連鎖して行くプロセスの繁栄と平和へ完結することは、不可能である。当然のことながら、恒久的な繁栄とか、平和実現といったものは歴史かけて求めて来たもの。しかしあまりに残念なことに無念の極みは、その現実は、凄惨な死と病と貧困と差別の暗黒な世界との向き合いでしかない。最早、逃げてはならぬ、一騎打ちである。その最善にして最強のエネルギーは、アンシュタインも言うように愛なのである。しかも根源から迸り朽ちることのない本物の愛が必要である。個々における愛から全体に拡がっていく博愛のような、差別なく支え合い助け合えるような、聡明なる愛の方向を有する神創造主の完璧性に向かって成長かつ向上して行く、そのような愛！　その神創造主の迸る愛から全ての命あるものは創られた。その根源性への認識を実感させる。神聖なる愛のリズムが響きわたる世界の天地的大展開、この愛のリズムのプロセスにこそ、神創造主が生き生きと息づき、私達一人一人を、人類を導くのである。

相対性理論のアインシュタインは $E = mc^2$ 論を簡略的に応用して全ての知覚存在を救う唯一の道は、最強の愛であると語り、科学者達は、科学的推論のプロセスにおいて、この最強の愛のエネルギーを実証的に展開することを忘却したようだと言っている。科学は実証主義の故、現代の科学では、今は愛のエネルギーを、実証不可能であろう。だが人間は愛のエネルギーがないと生きられない——従ってアインシュタインは、物質界の全てを包む支配する最強の力が愛のエネルギーであると明言している。

　アインシュタインの「重力波」の宿題が最近、科学の進歩で、映像で確認され「重力波天文学」の幕開けとなったように「愛の相対性理論」へと展開され、今は名の付けようのない「ダークマター」「ダークエネルギー」がアインシュタインが言うような愛のエネルギーとして、科学でも実証されよう——やがて、科学と宗教の合流へ。

「科学なき宗教は盲目であり」「宗教なき科学は片端である」この言葉が魂に響く。

　私達が神創造主によって地球に創られ、そのことへの限りなき感謝で立ち上がり、これらからの命あるもの全てに、やさしく思いやりを育みながら！

　即ち愛への意識を有して神創造主と共に生きるこの本源的な魂を大切に抱《いだ》きながら生存を始めたら、どんなにか祝福を味わいながら、喜びを感謝しながら分かち合う。神創造主の本来願われた、奇跡の地球に相応しきエデンの愛の国は拡がった、絶対圏の愛の国に相応しい相対圏における愛の国として、勿論、相対圏における愛の国へのプロセスは、模索と苦労の歩みを伴うもの。しかしながら希望を感謝しての、その相対圏は、今のような暗黒の世界ではなく、偉大なる調整と調和に彩られた、明確な生き甲斐の中！　希望に向かって、神創造主に向けて成長し続けていく。

そのプロセスを明確にするために、これまでの対立軸の歴史観が何故《なにゆえ》に出来上がっていったのか！　その核心を明確にして間違いに気付き、しっかりとした認識を確立していく、全く新しき、そう恒久性から始めて、やがては、久遠なる方向性を、ドッシリと確立していける。

唯心論を更に明確にさせるべきなのは、有神論的歴史観即ち神創造主の完璧な愛が中心軸で輝き！　繁栄と平和の方向性を、久遠の彼方へと、常に導くものであり！　それこそが人々の、人類の魂が良心が、良識が、納得して賛同するからである。勿論、個性や民族性からくる偉大なる調整や調和のプロセスはありましょう、そこにおける切磋琢磨が！　深遠なる文化文明へと導き。神創造主も、多角的視点から見守られ、創造のプロセスを更に味わい、楽しまれるでしょう。それらの全てのベースに、完璧なる愛が彩られ展開するのですから。語ろうと思えば限りなく完璧な、愛や英知や芸術的な世界へと誘《いざな》われますが！　今は現実の相対圏へと帰りましょう。

病いや差別から貧困が飛び出し、その現象は内紛や戦争へと向かう。それらは暗黒の現実世界を形づくっている、しかもその周辺の自然現象の神性な愛のエネルギー愛のリズムを破環しながら――。

人類的な愛と英知の、壮大なるロマンなれば、親ともいうべき神創造主の思いから、即ち逬り朽ちることのなき久遠の愛を感知し、喜びの祝福の中に感謝し、これまでの永遠線上の高度にして復雑なプロセスを経て象徴的人類の始祖達、そう、アダムとイブがスタートしたならば、人類の歴史は現今のような悲惨な暗黒世界ではなかった。しかし彼らのスタートは、神創造主の逬る愛の思いを素直に継承しようとせず、愛を完璧な方向へ育てるための肥料ともいうべき不安の思いに……向かって生き始め、神創造主の祝福に素直に感謝し向き合い二人の愛を正に慈しみ温め、夫婦愛へと育てることにより、ベースの不安の思いを乗り越えたなら！　兄カインが不安に流れ。両親が、自然に幼きカインを見守ることへ妬みによって弟アベルを殺すという、兄弟での狂気なる惨劇は起きなかった。愛と不安。なんと命とは高度な存在なのか。このように人々の歩みは歴史の展開の場で、悲しい事に……汝と我という……対立した思考が蔓延していったのである！　原点に帰り、そう、神創造主の逬り朽ちることのない根源の愛から力強くスタートしたら、対立思考ではなく、支え合う思いが、自然に豊かに確立され、人生に於いて更には人々の集合の場である。歴史に於いても、偉大なる調整調和の主流の方向が、即ち中心軸として確立確保され、文化文明は無限の宇宙の惑星群へ平和の使徒として宇宙の惑星から惑星へと飛び巡《まわ》っていよう。前述しているように人類が神創造主の思いを素直に受け入れ、愛の豊かなる方向に成長し愛をベースとして認識を深め、英知を極めて歴史を積み重ねて来ていたら。遙か昔に地球を飛び出し宇宙のための旅を成就する方向でキラキラと懸命に生きていた。

返す返すも、なんと悲しい悲惨な歴史を積み重ねてきたものか！　あまりにも無念の極みである！

これこそが〝大忘却〟の核心、即ち〝乖離〟の世界である。

ＳＴＡＧＥ・３　創世記の義人

カインはエデンの園を追われるように逃げて行く。そして不安の影と悲しみを背負い……他の人々の中へ神創造主から乖離して……。

他の人々も、主流は不安に戦《おのの》きながらそれ故に、力を安定の場と錯覚するかのように、勿論、義を大切に思う人々もいた。しかし人は悲しいかな安直に流れ始めた！　その人々の営みは、今の混乱と変わりなく、益々不安の思いは原始性が強いだけに、大きな暗雲となり、力の群れとなり破壊力は増大して行ったのである。

神創造主から更に乖離していくばかりとなり、人々の営みは混乱の一途を辿り始めるばかりとなり、神創造主はさすがに、万能の力を有して……。思いが届く素直で大様《おおらか》でやさしく、一途な常日頃の生活の営みを観て、ノアに声をかけられた。ノアは荘厳な愛の思いの中に包まれて……偉大なるインスピレーションを魂で感知し、神創造主の思いを実践へと！　山の上に荘大なる船を造り始めたのである……！　常識で判断すれば尋常な行動ではない。天を仰ぎて全てを信ずるという、**人類における正に信仰の初めと言っても良いすばらしき魂の覚醒とも言える偉大なるスタートが成された!!** 山の上に荘大なる船を造る! 周りは、このノアの家族は気が狂ったと笑ったり驚いたり、当然として唾棄《だき》した。しかしノアは一心不乱に造り続けた。**このことで、神創造主と人間の信仰を仲介にした最も偉大なるインスピレーションによる交流が始まったのである! もしノアが常識の範囲に於いて断じたら、人類と神創造主との偉大なる交流はスタートしなかった!** 天地創造を実現された万能なる超科学性を有する存在!! 未だに人間の科学力では残念だが――ミクロな命さえ造れない。しかしその痕跡を、やっと今の科学でも映像で撮れるところまでは来たが、神創造主が創った命の上にその命を利用して新たなる命をコピーする段階にすぎない。又はゲノムを活用して変化進捗を与える（病いを治す等）にすぎない。その人類が、天地創造を具現化した。万能なる超科学性を有する神創造主の、この地球を含む宇宙のありようをアンシュタインの根源の法則、相対性理論で宇宙論や量子力学を説き彼の百年の宿題である「重力波」が最近日本を初めとした世界の宇宙物理学者達が映像で撮え、ブラックホールのありようさえ映像解析ができ始めたイギリス天才数学者、ホーキンスが解けなかった、そのために否定してきたブラックホールの謎さえ解り始めた。量子学に壁を作ったホーキンスの壁は新たなる量子学及び重力波天文学等によってつき破られた。そのことも記者会見を開いて、自ら謝っている。多くの科学者や記者の前で謝ったのである。その点、一流の科学者であった。

このように〝百年の宿題〟であった、「重力波」の意味するところが解ることで、宇宙の形や現象の謎が解り始めたのである。かのアインシュタインは言っている。「主なる神は老獪だが意地悪ではない」。その意味こそ「痕跡を調べることができる、これこそが奇跡である」との意味で、後は語るまでもない。

又、日本の世界的遺伝子科学者、村上和雄筑波大学名誉教授は前述のように、生命の遺伝子の緻密さに驚嘆し、これらの設計図は、偶然には造られるものではないと、それからは講演時には神の存在を説いている！　これらの天才的科学者の実証的展開こそ、神創造主の久遠の謎の深渕の一部が、未来が観え始め、人類の意識を覚醒させて行くが、一般的には時間がかかりすぎる。そのために我々には神創造主より時空を超越する力、テレパシーやインスピレーション等の超能力が与えられているが、残念ながらその微少なる領域しか活かしきれてないのが、経済的動物として生きている人間の悲惨なる現代生活であり、結果、貧困や差別、甚だしくは内乱等々で混乱を極めるばかりである。

誰かが何とかしなければならない！　我々一人一人が。今、何に目覚め、何を始めるべきなのか！　今の私達一人一人に出来ることに視点を置き、思考を重ね、出来ることから一歩一歩進捗すべき時である。今この時、このような緊迫感の中で現代は生きている！　生きるとは、本当に生き抜くとは何かの緊迫感が、なんと何千年の前のノアの在り方が、今我々の魂へ語りかけてくる！　神創造主から乖離し、本来の自分を思い出さず、不安の世界で浮草のように……あまりに悲惨なことに！　人類は神創造主の思いである迸る偉大なる愛の、エネルギーに祝福され創造された、久遠の愛に輝く燦然たる神の命子《いのちご》と生まれて来たというのに。その真の命の価値に覚醒していない、認識していない。歴史を通してこの原点を忘却しているのだ。そう、最大の大忘却をなして、今日この現生活を空しく正に不安に戦きながら生きているのである！

ＳＴＡＧＥ・４　神創造主と人の愛による関係性

何故にノアやアブラハムのような純粋な命の輝きを置き忘れてきたのか！　正にこれこそが命の故里への大忘却そのものである‼

神創造主が在るなら生まれた故里に、命の本源の愛の道筋を思い出すことを、何よりも祈る思いで願われる！　人類側にあっても、その本来性に気付かねば永遠の繁栄も平和も構築できない！　これこそが神創造主の神聖なる愛のエネルギーでありリズムで、久遠に流れる愛のプロセスなのである。宇宙を天地を包んでいるこのことに気付き——このプロセスに格《いた》って初めて、戦争の終結に向かって人類は進捗を成していくのである‼　世界は、人類は——‼

さて、ノア家族のプロセスについて考察をなす時、ノアは壮大なミッションを通過しアララト山に辿りつく途中何度も確認し、やっと辿りついた、その時のノアの思いは魂の底から喜び！　神創造主に感謝した！　しかしミッションを有する者は、最終まで完遂できるように努めねば――が、喜びの余り、泥酔し裸の状態で寝てしまう、それを見て長男セムは、これまでの父のミッションに一心不乱の姿に……憧れ的な思いで観ていただけにショックだったろう。そこまでは仕方ない、しかしそれから先が長男としての、父への愛の思いが薄い……父ノアの解放的すぎる寝姿に、そっと毛布で覆い、長男としての愛の権威がある表現がされたら、ハム、ヤペテも倣《なら》って、ノアの家族は一気に家族としての信仰の礎が成されたであろう。しかしそれから悠久の年月を経て……アブラハムとイサクを通して、親子を通して信仰の礎は築かれたのである。ここで最も大切なことは、行為の見えないところに、神創造主の愛のプロセスが深遠に胎動しているということだ。この神秘な愛のプロセスが、ノア及びセム、ハム、ヤペテの親子の絆の命とも言える内的世界に、正に胎動していたのである！　この愛のプロセスが、神聖なリズムが、久遠の流れとなりて永遠の命を育んでいるということであり、神創造主との喜びと感謝のスタンスが造られているということを深く認識しなければならない！　これほどまでに、摂理の接点に邂逅した者は、精妙な愛のプロセスを――神秘の神聖な命の愛のエネルギーを実感しているものである！　――そう、特別の愛の命を感知していることが重要なのである。ノアの家族にはこの精妙な愛が――神の摂理を家族として認識が充分でなかった、そのためにアブラハム親子へと摂理は流れていった、悠久なる年月を経てアブラハムとイサクという親子で信仰の礎を築かねばならなくなった。しかもノアの家族よりもシビアな観点で勝利の基準を確立することを当然として願われた。人類の久遠の基準における繁栄と平和の具現化を思われると自然であろう。この点で私達、人類はいかばかりか天の思いから乖離して生きてきたかを、神創造主の立場を深く慮《おもんぱか》り、心をしっかり引き締めることが重要となる。摂理を先延ばしにするほどに課題は難しくなるのである――。

アブラハムが信仰の礎を築くとは、ノアの時に比して、自らの年老いて、やっと与えられし、愛《いと》おしくて愛おしくてしかたがない、それも老いた愛妻が奇跡的に生んだ一人子イサク、この愛らしい子を〝天に捧げなさい〟との神創造主の声！　必然的にアブラハムは三日三晩、苦悶の中、苦悩の極みの中、苦しみ踠《もが》き――天に捧げる決意を、気も狂わんばかりのなか成す！　イサクも恐れの中！　幼き痛々しい中。しかしイサクは、父の気も狂わんばかりの悲しみを感じ取り、貢物として火の中へ――父に従う――その時、天から声があった。

〝アブラハム解った、そなたの誠が愛が解った！　イサクを抱きしめなさい〟

この命と愛の流れの中、神創造主は人間の天を仰ぎ信じる誠を認められ、このことにより、アブラハムとイサクの信仰が構築されたのである。それは人類の信仰の礎が構築されたことが天地の狭間《はざま》に具現化されたのである‼　どのようにであろうか！　悠久なる永き年月を越えて、千年単位の時間性を、気が遠くなる天と人類が、久しき久しき正に悠久である！　その思いの響き合いのプロセスは！　神創造主におかれても、相対圏としての地上〝宇宙〟に臨まれて人類に接する時、人類の次元における感情を有して臨まれるのである。従って神創造主にあっても、正に悠久なる永き永き年月なのである。どんなにか待ち焦がれし神創造主の思いの世界であろうか‼　このような天とアブラハムと息子、イサクの信仰を通しての絆の進捗は、やがてイスラエル民族として進捗していくが。――ここでアブラハムの妻の在りかたにつき、重要なので思考を深めてみよう当然としてサラは妻の立場としての神創造主への思いも、重要な意味を有する。即ち、族長としてのアブラハムの妻として、〝男の子〟継承者を産むことは大きな役割を果たすこととなる。それだけにノアからの流れであるアブラハムには、内的世界で天的に――他の族長の妻よりも、誰よりも家系を思いながら、天への意識は少なくともあったのであろう。少なからず、アブラハムは日常生活の、中で、天への思いをもとに生きている。妻であるならば、その生活の姿から、族長としての責任感のありようから、その純粋さや一族を引きいる、逞しき言行を感じ取り、周りの部族や蛮行から一族を守り引率している、その姿に敬愛と言行を信頼し即ち彼のバックボーン、神秘な存在に。その当時は今の社会環境よりも純粋性は多くあったと推則は難くなく、周囲の部族と比較する時、アブラハムの存在は毅然と天の勇士然と。しかも、ノアの流れを――信念をも有した！　何故なら、アブラハムとイサクは信仰の礎さえ築けるそのような方向で堂々と逞しく生きている族長。その妻、サラは、生活を通して、アブラハムを通して、天の思いを心にそれなりに感じていて自然でありましょう。しかし現実、サラは天使の働きかけに、年老いた私が今更に子を産むことができるとは思わないと、天を信ずる心を〝馬鹿な〟と言わんばかりに笑って否定したのである！　又、サラは悲しくも、イブの思いのように天の愛を素直に受けなかったのである！――その思いは、天を深く悲しませた。又、サラは、側で務める女性に、自らは老いて子を産むことができないのでその側女に子を産ませるようにアブラハムに申し出た。族長としてのアブラハムは、自らの一族の繁栄をさせるために、已《や》むなく受け入れ、やがて、側女はイシュマエルを生む、するとその側女はサラを軽視する。なんと人間の乖離は更なる業を作り、このように、神創造主から更に乖離して行く、筆舌に尽くせない不幸を積み重ね人間の歩みは、人類の歴史は綿々と続いている！　ここでも痛く、ミッションを大に小に意識する者は、謙虚でなければならない！　特にサラはアブラハムより折りにふれ家系の流れについては、話を聞きそれなりに使命を思って夫婦生活を営んでいた。何故なら夫婦一体、今のような復雑怪奇な社会でない純粋度の高い時代なれば尚更、正に痛く悲しいことにアブラハムとサラとの子イサクとアブラハムと側女の子のイシュマエルとの悲しむべき血の分かれが、ユダヤ民族とイスラム民族との悠久なる歴史を通してのパレスチナ紛争の悲しむべき悲劇の端緒となり、復雑な経過を経て現代にまで綿々と引き摺《ず》っている、まさに復雑な悲劇悲惨の象徴なのである！　天の思いから乖離することが、なんと、こんなにも悲惨な現象となるのか！　迸る愛の思いから創られし、私達一人一人は、心から魂から、素直に受け入れる、その思いがあれば、次から次へと、喜びが湧き出て、自然に感謝の思いに、創造性をかきたてられ全てのことを創り出す喜びと、建設への苦労と喜びが生まれてくる。これこそ無限なる命であり、自由であり、多様なる色の人生を体験し、しかしてその多様なる色が人生が無限に融け合って、神創造主の完璧な愛の中へと調和し純白に無限に展開し永遠を通過し久遠へと続くのである。しかし人類は、私達一人一人は、サラのように神創造主のすばらしき世界から乖離して来たのである。いい加減気付かねば、人類の悲惨は続きますよ！

さて、アブラハムとイサクの親子によって、人類は基本的信仰の礎を築き、イスラエル民族として繁栄。がやがてエジプト文明へと吸収されて、支配され奴隷化へ流れて行く。しかし選民意識を有するこの民族には、やがてこの民族を救う者が現れ奴隷から解放してくれるという強い信仰の思いがあった、その強い思いの中で奴隷生活に耐えて生きていた――。

それはアブラハムとイサクの純粋な霊《いのち》が、まさに命かけての神創造主への純なる炎となり天を動かし、信仰の礎を構築した！　その堂々たる勝利の炎が、悠久の人類の歴史に燦然と輝いているからである。一度勝利した天への愛のプロセスには、神創造主は最大の愛の力として人類を祝福の形で、最大限に永遠に活用されるのである！　この勝利の恩寵として、イスラエル民族にかのモーゼという大義人を贈り給うた。まず地上に深渕なる準備をされ、しかしてイスラエル民族の母から誕生させ、エジプトの権力者から命を守るため、神創造主の英知は、権力者の懐へ幼子モーゼを贈り給うた！　従ってモーゼは権力の有する意味を、幼き時より吟味するが如く成長していった。

STAGE・5　摂理の更なる具現化へ

そしてこの世の権力のもと、王族の一人として、逞しき指導者として成長していくが、自らが奴隷の民であるイスラエル民族の母から生まれたことを、天の時が来た時に、日々の生活の中で知らされ苦悩する。しかし母の奴隷としての姿を知る時、義の人、愛の人であるモーゼは、世俗的な名誉も地位も脱却して、母を、民族を、救うべき篤き信念に燃え、この世の権力から追放され、厳しき試練に立ち向かって進捗を始める。まず追放された所は砂漠この荒涼とした地で、神創造主から信仰者として、過去の浄化と準備のための試練を受ける神創造主の側面から慮《おもんぱか》る時、人類の未来の繁栄と平和を構築して行くためには、避けて通ることのできない、厳しくも、それは愛のプロセスなのである!!　神と共に道を歩くものは求道者たる者は、その時その時代の試練を乗り越えていかねば、どのような苦悩、苦しみをも、象徴的とは言え、イスラエルの民を奴隷から救うというミッションがあったモーゼであれば尚更のことであった。しかもこのモーゼの時代は、神創造主がモーゼを通して奇跡を行い、民を導き給うた！　それはアブラハムとイサクの信仰の勝利の礎が構築されていたからである！　即ち神創造主の神聖なる愛のリズムが、そのプロセスが基盤に生生《いきいき》と流れていたからである。勿論、モーゼも荒涼とした砂漠の中で王族として華やかに生きて来た彼が、その中で一月以上も孤独に、その荒涼の中で悪鬼夜叉の内的脅迫に耐える、逞ましき内的力を磨いたのである。勿論このモーゼという人物は、出エジプトにおいて、摂理の流れの中でイスラエル民族が、神創造主への集団的信念を歴史的に構築するために、創造主自身が力を入れ導かれた。そのプロセスを通し、イスラエル民族を主自ら導き、歴史の中心軸に育成していこうとされたのである。それ故に、モーゼを信仰者として徹底的に砂漠の荒涼とした中で孤独の極みに立たせ、悪鬼夜叉、即ち人間が業の生き方を通し、悪魔化（サタン化）し、悪霊化した者達を通し脅迫したり誘惑したりして、モーゼに喰らいついて来る。それらの大悪霊とモーゼは内的力をもって、孤独の極みの中、気も狂わんばかりの戦いをなし、その勝利の道を通って、カナン（パレスチナ）の遊牧民が、神の山と畏敬する、シナイ山にて神と邂逅する！

そのうえで、オリエント文明として栄えていたエジプトで同胞である奴隷として苦しんでいる、イスラエルの民を救い出しなさい！　とミッションを与えられる。モーゼは畏る畏るその命《めい》を受け入れ、半信半疑の中、同胞の苦しみを思い、義の人、愛の人モーゼはエジプトへ入る。その地は自ら、王一族として育ち生きた地。追放されし地。感情的にあまりにも復雑な王宮である。**しかし神創造主はモーゼになすべきをなせと促す。**モーゼは多くの説得をなし、イスラエルの民を奴隷から解放することを伝えるが、王は勿論受け入れず、その都度神の手の奇跡をもって説得し、**最終的に過ぎ越しの奇跡をもって、王を説得す。エジプトの民の長子の命を絶つ、この奇跡には王も恐れをなし、モーゼの説得を受け入れざるを得なく放つが、王の長子が死したる事を知らされ、怒り、軍を引きつれ追撃する！**　しかし神創造主の手は、この軍を翻弄《ほんろう》する！　がしかし、湖に追込まれるがヤハウエの神（イスラエル民の原始的神の呼び名）は、――この湖を、二つに裂き道を創り脱出させる！　**この奇跡の事象は、後々、神創造主がイスラエル民族として育て、人類の救世のポジション確立を確保するために成されし再生のプロセスなのである。**この出エジプトのプロセスを通し、ノアからスタートした人類再生のプロセスを、アブラハムとイサクの親子を通し、信仰の礎を築き、イスラエルの民としてその子孫ら、**特にヤコブの代。その頃からエジプトへ流れる、**放牧の民として水の豊かなナイル川へ向かうその中で、エジプト文明として大いなる力を持っていた、その国の隷属とされたのである。

前述したように、神創造主の意志により、人類の救済を確立するポジションを考え給う――。

神創造主はこの民に、やがてイスラエルの民を救う者が来る！　この信念を奴隷生活の中、魂に植えつけるプロセスを与え給うたのである。この民族的集団意識を人類の繁栄と平和を構築するべき礎と思われたのである!!

しかして、出エジプトで神創造主がモーゼを通し奇跡など展開しながら摂理を成されたのは、やがて人類を救う為の立て直し策。その実体としての礎を構築し、今まで人類ができなかった愛の王国を築こうと、この民族を**カナンの地、今のパレスチナの地へ導き給うた。**

しかして、**その地で師士及び列王時代を展開された、そのプロセスの中、ダビデ王が誕生し、パレスチナの地に勢力を拡大し、ダビテの子であるソロモンに王位を継承させ、武の力でなく、愛のエネルギーにおける王国を、世界化、地球化していこうと思われた。しかしソロモンも、**神創造主から乖離した一人で、例外なく、女性問題などで、**命とも言える摂理遂行を果すことはできなかったのである！　かくて神創造主の思いと、モーゼやジヨシュアそしてダビデ等の義人や王ら忠誠なる心は破戒される。そのことは後に続く人々**

は勿論、人類にとっても、想像を絶する悲惨な事象に嘆き苦しむ――歴史を通過することになっていくのである。このことがなければ、〝ローマの道は世界に通ず〟で次のキリストが即ちバイブル（聖書）に、ダビテより出ずるキリストと予言されしように、ダビデが築きてその子ソロモンが整えし愛の王国に、新しき愛の概念を世界化すべくキリストを！

一方、ローマの議会政治では切磋琢磨の中――国の繁栄と、同時にローマは他の国々を属国としているだけに、いかにその国々と良き外交関係を行っていくのか、不偏的思考を論議し、政治を行っていた。そのローマ帝国だったことは、基本的に察するに難くなく、そのローマに遠くなくカナン（パレスチナ）のイスラエル王国に、今までにない、自由において、命において、愛において、更なる高尚なる概念を思考し語る王がいるとなれば警戒しながらも調査をし、検討も始めるだろう。勿論、受容するまでには、大変なプロセスを要するかもしれない。しかし神創造主の人類への愛と命の悠久なる歴史を思考する時、アダムとイブから始まって、ノアへ。アブラハム、イサクへ、そしてヤコブへ、モーゼを経てダビデへ、しかして綿々と流れイエスキリストへ。神創造主の思いは、摂理となって、西洋と東洋の境界を通し展開され微に入り細に入って思いを伝え導いた！　神創造主を認識するほどに、人類の命へ、自由へ！　原初的！　愛を！　永遠の霊《いのち》へ働きかけ続け給う！

この叫びともいうべき原初的愛。何故に、この叫びにも似た魂の声を、重要な重要なミレニアムな継承的接続時に、乖離的な言行を歴史でくり返してきたのか。アジアには孔子、釈尊等々を通し準備され給うていらっしゃったというに――この人類の神創造主からの乖離の歴史が、人類の繁栄と平和を常に壊し続け、今の今においても！　ロシアなる国が、戦争に向かってウクライナに侵略を始め、世界の自由を尊しとする米欧や日本及び世界の国々と事実上の対戦状態を続けている（二〇二二年五月時点）。もし私達が、この地球を滅す憎しみ、身勝手な貪欲さと向き合い覚醒させていくことを願うなら、神創造主から乖離したその源点に謙虚に遡《さかのぼ》りて、しかして、純粋なる迸る愛のエネルギー及び純粋なる思考エネルギーに邂逅することである！　そのために！　人間始祖としてのアダムとイブにまで遡り、歴史観を希求したのである。幸い愛のエネルギー及び純粋なる思考のエネルギー等は、時空を超えた次元の世界！　それ故に。信愛の世界に、純粋なる思考の世界に謙虚に立ち帰り、微力ながらも繊細に神創造主に尋ねる如く、時空を超えて相互に交流を求めながら懸命に！

神創造主と接点のある人間始祖達から始め、ノアから綿々とイエス・キリストそして現代に至るまで、悠久なる歴史の歩みの中の神創造主と、その時その時の人類側の接点にある人達の、より善き命の愛の紡ぎ合いを希求を成し、神創造主の次元に向かっての、どのような内容の交流だったのか。その悠久なる旅路のプロセスを深遠に――遡りながら、祈念する思いで尋ね、懸命に懸命に真心を込めに込めて！　インスピレーション、テレパシー等々の時空を超えた中でも最善にして最強の〝源初的愛〟を光として標榜し!!

神創造主の源としての、愛の最上の表現者であり体現者として、又、摂理のメインとしての存在であるイエス・キリストは、あまりにも人々に知られ慕われし存在である。その方との、有神論としての、歴史観を認《したた》め始めてより改めて、心に魂魄における対面の時。むごい戦争！　人類史上に連綿たる、狂気の戦争を打ち止めさせるため、アダムより始まりモーゼを経てイエス・キリスト、この偉大なる義人！　モーゼがイスラエルの民をエジプトの奴隷より解放し、カナンの地（パレスチナ）で神創造主の微に入り細に入りて導かれしイスラエル民族としての、集団意識を育てられ、師士列王時代を通過し、イスラエルの王国をダビデが築き、ソロモンが備えをなしたその摂理のプロセスの流れへ。創造主は地政学リスクを精査し、このイスラエルの王国が、世界の大国、ローマにでき得る限り良き外交関係が展開できるように、グランドデザインを思考され運ばれたであろうことは察するに難くない。

当時の地政学リスクは、王権政治が強く、その中でも、世界最強のローマは、共和制を展開し地政学的にも大きく拡大していく。このような情勢の流れに、ソロモンがミッションから脱落せず、ダビデの王政の継承を果たしたならば、前述したように、これまでにない命の概念、愛の概念を、地政学リスクを、神創造主と共に思考の交流に努めながら、時空を超越した手法手段を通しキリストは展開された。勿論、前述したように、容易《たやす》いプロセスではないが。**ローマ帝国にしても多くの属国と良き外交を展開しながら永く栄えていくことを願望するのは必然であろう。**神創造主の迸る愛のプロセスは、人間の、人類の本懐は、限りない愛の豊かさに抱擁し合う世界観の、確立確保である。しかしその世界観を宇宙にまで具現化することは、正に容易なプロセスではなく。だからこそ、神創造主の高尚なる英知の芸術的展開に人は、人類は限りなき憧憬の思考の中、本来の世界を、多元宇宙への限りなき希望に燃やし、本来の生命に燃えて、繁栄を希求する。容易ではないが、ここに人の本来の命が愛が働き、更なる成長に向かって繁栄を拡めゆく。しかも希望の力も成長を加えて！

STAGE・6　イエス・キリストの存在

これらのプロセスの中、愛は命は地政学的拡大に彩りを備えて、キリストはその存在観を世界化させながら、言葉を変えれば、神創造主が地球という惑星に、内的に姿を観える如く、美しき輝きの、愛を紡ぎながらの地球に！　しかし歴史の現実は、新しき愛の命の恩寵を携えて降臨し給うた――愛において、王の中の王、キリストをイスラエル王国の継承者としての位置づけの中、降臨を祝うことをできず馬小屋にて人類に最高最善の愛の救世主を迎えた。人類の悠久の歴史の歩みは、神創造主の逆る愛の思いから乖離し続ける故、その結果の所産として、こともあろうに――愛における王の王、即ち救世主を馬小屋で、申し訳なくも迎えたのである！

神創造主の偉大なる新しき愛を携えた救世主、イエス。彼はあまりにも偉大なるミッションを背負って誕生なされたのである！　この地球に唯一、正に天上天下に唯一、キリストとして誕生なされたのである!!

本来ならばイスラエル王国の愛における王の中の王としてこの地上に、逬る神創造主の偉大なる愛の体現者、具現者として、世界の大国ローマ帝国の善き相談相手をめざし、勿論、このプロセスは容易《たやす》いものではない。しかし当時の政治体制も、世界で最大の強国であると同時に、進歩した政治体制、完全な独裁国家でなく元老院（円熟した経験を有した知者達）が共和制を実践していた。歴史の事実として、キリスト教を史上初めて、国教と定めたのもローマ帝国であった。しかし現実は、イエス・キリストは、ソロモンの脱落により壮大な使命を、誰一人支える者もいない荒涼たる道を、本来ならば洗礼者ヨハネ（当時、この地にて「この人こそ、メシヤではないのか」と言われるほどに指導性を有していた人物。ユダヤ教の形骸化した教えに抗して独自の洗礼法を実践していた人物でもあった）がキリストと一つになり従ったなら、この地の有力者を吸収するチャンスもできたであろうことは、やはり想像に難くない！　しかし無念なことにヨハネはキリストの輝くような人格性に驚きながら、ヨハネは、「貴方こそ！　私に洗礼を授けるべき方です」と畏敬の思いでさがる。――キリストは、「今は私に授けて下さい」と静かに跪《ひざまず》く。

その時、聖霊が降りる。このような邂逅の体験を成しながらも、神創造主からの乖離の流れは、洗礼ヨハネのようなすばらしき義人さえもキリストに従うことができない。何という乖離の負の流れなのか！　乖離！　漢字に認《したた》めると二文字。がその文字の意味するところは、こんなに深い溝、こんなにも恐ろしい隔たり、人類を滅す可能性を有する！　即ち軽い心で出会うと神創造主の核心的な思いとすれ違う。いつまでもいつまでも、しかし純粋な心！　聡明なる理性！　何よりも謙虚の思いで受け入れる時。瞬時に超える壁ではある！　いかに神創造主、及びその代理的存在との邂逅の時とは、天地かけての、正に全身全霊、その燃える霊《いのち》の炎！　そのものを有して、魂魄に深く々刻みつける如く出会うということである。それが永い永い歴史の悠久なる歩みの気が遠くなるほどの、神創造主に背を向けて生きてきた人々の人類の歴史なのである。

STAGE・7　キリストの苦悩と十字架の勝利

その現実に一人立ち向かい、神創造主との交流を通し、又逆行する存在とも対峙し、自己とも闘いながら、深き深き祈りの中――前に向き直向《ひたむ》きに懸命に、必死に、愛による救世のミッションを背負って貧しき弱者の人々に、勇気と希望を伝えながら、王権政治、その独裁体制の中、神創造主の基《もと》、人々は皆、平等であり、自由なる個々の存在である、しかして支え合い、助け合う！　即ち愛の存在。それこそが命の本質なのである！

このようなことを、誰にも解るように、噛み砕《くだ》き伝え広めて行く。そのやさしさに聡明さに、十二人の弟子を初め、多くの人々が集い始める。

しかしモーゼの十戒を守り、悠久なる歴史を歩み来たユダヤ教徒は、形骸化したとは言え長老達一族及び、ユダヤの民族意識は脈々とした流れを持ち、キリストの愛の教えの壮大なる広がりや深遠さ。しかもあまりにも親密《しんみつ》さを理解しようとせず、教条的に排斥し始めたのである。

キリストは「新しいブドウ酒には新しい皮袋を用意すべし」と、新たなる命の言葉が伝えられる時が到来したることを伝える。神創造主の命の方向性を成長させ発展させ、旧約時代の教条主義的な教えから、愛を全面に伝えるキリストの神々しくも清々しい、その神創造主の代弁者として、聡明にして愛に満ちた説話を、野山に集いし人々に、町々の人々に直向《ひたむ》きに広めていった！

しかしこの時代のこのユダヤの王とユダヤ教の長老達には、形骸化してるとは言え、この者達の言葉が法的意味を有する。キリストはその者達からすれば異端者である。ローマの属国であったユダヤ（パレスチナ）の王であるヘロデは、最終的に、ローマ帝国の指示の中で動いているヘロデ王と長老達は、ユダヤ王国を治めるローマの総督《ピラト》に讒訴《ざんそ》した。狂気にも、中でも重罪なる磔の極刑を申し出るキリストは、ゲッセマネの園において、天なる父に祈る！「願わくば、我が手の苦杯を取り除き給う！」と血涙の思いの祈り！懸命の、必死の祈りを渾身の思いでなされる。それは、頼りとする十二弟子達も、その祈りの最中に眠ってしまったという。その悲劇の凄惨さは、これから続く人類の凄惨な悲惨な歴史へとも連鎖していくのである。しかしキリストはこの死の苦杯を、愛の勝利の扉を開くという、身を投じても愛の道を人類に、永遠の基準において、機会をチャンスを残されたのである。

神創造主の血涙の愛の抱擁の中に、それはそれは人類の今の意識の中では想像だにでき得ぬ、正にこれこそ、神創造主とキリストの奇跡中の偉大なる奇跡！　歴史の過去にも、未来にも展開されない秘跡中の秘跡なのである。正に人類史上のこれこそが、空前絶後の出来ごとであった。こうして人類の歴史は律法的な時代から壮大にして深渕なる命と直結する愛の歴史へと、大いなる成長を成す！　このことも、愛による救世の道を人類に残されしイエス・キリストその方の、身を投じての偉大な勝利による大いなる飛翔なのである。

このことにより、神創造主はキリストを蘇りの奇跡、即ち復活のプロセスへと導き給われたのである。この偉大なる秘跡との邂逅により、バラバラに逃げ散った弟子達も驚き、心底より深き深き涙や祈りの中、弟子達もキリストの十字架を背負うが如く、中には、文字通り、逆さ十字架の苦しみを厭《いと》わずその道を全うしたのである！　そうして多くのキリストの愛を慕う人々が、ローマ帝国の大追害に耐え忍び勝利をなし遂げ、やがては、世界のローマ帝国の史上初めての国教と定まったのである！　人々の人類の歩みは、その歴史はアダムから始まり、ノア、アブラハム、イサク、ヤコブ、モーゼ、ジョシュア、ダビデ、キリスト！　この聖人、義人と共に多くの多くの人々が、キリストの愛を慕って十字架の愛の道を、そう、日本の人々も、長崎の二十四人の聖人と呼ばれる人々をはじめ、神の子と慕われる「天草四郎」のもと、悲惨な〝島原の乱〟が起きる。

徳川幕府の圧政の中、キリストの愛の救いに命の希望を仰ぎ慕いながら、神の国へと帰っていった史実がある。あの宣教師フランシスコ・ザビエルも日本人の善き資質を認識したのである。このように、キリストの愛による全ての勝利により、地球的な愛の時代へと、律法的、即ち教条主義的発想から脱却し飛翔し始めたのである!!

STAGE・8　遅すぎだが神創造主と共の歴史観に覚醒する時は、今！

イデオロギー及び教条主義的発想はセクト意識へ囚われる方向へ陥《おちい》り、その結果は対立軸を激化させ、今尚、対立的な発想が個人から民族間までを分断している。歴史の主流は、自由と愛の意味を壮大に深く思考し始めているというのに。前述しているように原点はアダムとイブの子、カインとアベルの親への思い、否、アダムとイブの愛による、神創造主との一体化からの。人間始祖の始まりよりも、不安による始まりからである。一体化からは、すれ違い、本来なら愛を育てゆくはずなのに！

肥料ともなる不安の思いに傾き流れ、その結果は、子の代で思いが形と現れ、不安は妬《ねた》みとなり、兄カインは弟アベルを殺すという、殺人という惨劇の形で現われたのである。このようにして、〝我と汝〟という対立軸は芽生え始めた。勿論、このことは、神創造主が人間に言葉を与え給う時点から、即ちロゴスを与え給うた頃から、形として現われた。

創成期頃の不安に傾倒し始めたことにより事象化した忌《い》むべき、悲しむべき出来ごとなのである！　――このようにして悲しむべき、乖離の道筋は連鎖し始めた。

このアベルとカインの内的動揺は、今日の私達の中にリアルにあり、私達は一瞬一瞬何かの時、葛藤しているのも現実であり、遠い遠い失楽園の出来ごととして済ませない、私達の内面の切実な愛の相克の葛藤である！　決して約六千年前の出来ごとと済ませない。正にリアルに今私達一人一人の人間存在の根源的な超えなければならない。〝我と汝〟の対立軸！　即ち個から、人類の超えなければならない切実な根源的最重要課題でもある。くり返しになるが前述したるように、個人から民族間の超えねばならぬ。そう、最重要の課題なのである！

今、この時代は、歴史は、主流の愛の思考に、本源の愛に覚醒せず！　人々は神創造主との乖離に気付かず迷走してきた。本来の故里へ帰郷する心の準備を始める時は、今！　遅すぎたとは言え、この時代なのです！　この現代文明の八方塞がり的混迷の極まりも――謙虚に、かつ聡明なる視点に立ち、思考をなすことが出来た時、その源点は、神創造主からの乖離の故の悲しむべき、忌《い》むべき旅立ちが原点であり、即ち、明快に警鐘をならす時。神創造主の迸る本源の愛からの、乖離が悲しむべき旅立ちだったと、心からの気付きに目ざめる。今の私達、現代を生きる一人一人である時。歴史は、時代は、語りかけてくるのです。

希求し続けた真の繁栄は、平和は！

何故《なにゆえ》の、今日のこの悲惨の結果だったのか！　と、その原点は、核心は――と紡ぎきて、神創造主と人間の歴史上における〝原初的愛〟の、伝説的説話は、私達のハートに、魂魄《こんぱく》に、この混乱混迷を乗り越え、今までに通ることのできなかった、未来の希望を説き開く真実の物語でもある。

我々一人一人が、即ち人類という範疇において、過去の歴史を大切に学びながら、訪ねて希求して辿り着いた〝原初的〟本源としての、神創造主の逆る永遠の愛を、しっかりと抱きしめながら！　正に〝永遠の繁栄と平和〟に向かって、焦らず一歩一歩牛歩の如く、リアルに。その一歩一歩を噛みしめながらも、大事に大事に進捗し続けようではないか。

勿論緊急時に対応する能力を蓄積することを忘却せず！　この直向《ひたむ》きな直向きな歩みの中、正に今までに辿りつくことの出来なかった未来の希望の扉が、神創造主の偉大なる愛の、想像だにできない輝きの中に！

壮大なる美しき音色を轟かせながら、開くが如くに！　そのプロセスが奇跡の中、一つ一つ観えるが如くに、魂魄に啓示と成りて、展開してくるのである！　そう、道は拓かれていくのである!!　豊かなる英智の芸術的展開を有して。

即ち、神創造主への憧憬が思慕なる形となりながら――永遠《とわ》に――常長《とこ》しえに愛のすばらしき、抱擁の流れの中で一人一人。ある人には励ましとなり生産性のプロセスとなり希望の力となりて、ある人には心からの慰めとなり、ある人には永遠への招待となりて、正に千変万化となりて――

しかし、今は、現実は！　油断なく周囲に対応しなければならない時である。国際状勢は！　ロシアが、世界に向かって、核兵器で恐喝をするが如き言行を、ウクライナ侵略を、しながら始めた！　それに、中国、北朝鮮が呼応しようと状勢を観ている。自由を尊しとする世界に戦いをしかける状況を作ろうとしてる。この事に自由を尊しとする、世界がどのように対応していくべきか、グランドデザインは、奇跡をどのように創造していくべきか！　人類に英知と、今ほど博愛の心が重要な時はない。

その第一歩めに、思考のベースとして、この有神論としての歴史観を認《したた》めたのである。

全ての根本は、人間の命は何処より来たりしかを、明確にしなければならぬのは必定です！　その真に地に着いた根源的発想を科学的に哲学的に、宗教学等々の観点で紡ぎて、有神論としての歴史観を展開したものである。無論、良心的良識的に耳を傾けないこともあり得ることかもしれないが。その選択は真《まこと》の意味では、無関心であると言った方が正解といえるだろう。何故ならば、極限的な八方塞がりの世界の状勢は、更なる増大に向かうばかりである！

が、しかし――

単純明確なことである。人が人類が、個々において、根源的、原初的な愛を大切に育み合いながら、その朽ちることのない源である。

神創造主を忘却することなく思い出しながら。そう、親の親である故里へ帰郷することを忘却したままでは、幸せも、平和構築も成就しようがない！　サア！　どうする人類。

この歴史観は、そのプロセスをやさしく明確に示した。ノンフィクションの、自らの生涯を通しての体験を生かした、永遠の救世を構築するための力説的、地球及び人類へのグランドデザインの、指標図的歴史観である。

現実への英知と博愛で崩壊を防ぎながら、地道に、緻密に、豊かなる外交を必死に重ねて、切磋琢磨で一歩一歩構築を積み重ね、偉大なる調整能力を磨き上げながら！　地球的偉大なる調和の世界を。即ち、全人類が望み求める、勿論！　このことは、お解りのように容易い道ではないが！　どんなに時間がかかろうとも、悲惨な戦争をくり返し崩壊に向かうより――その意味は、あまりにも偉大なる結果の違いを永遠の基準の中で語り継がれることであろう！　このプロセスを魂魄こめて祈念を成しながら、この歴史観の方向を明示したい――。

勿論、前述したように、緊急時に対応する能力、即ち緊急的な安全と経済の構築を確立しながらも、正に歴史の大転換期としての観点に立ち、根源的忘却は何だったのか、明確に命の源にまでに遡り、現今の対立的対話では決して実りある外交は成立しないと気付き、今こそ、逆り朽ちることのない原初的、本源の愛。具体的には、豊かな外交路線を創りあげるために。イデオロギーや教条主義的展開ではなく、豊かな外交を創りあげるため。全ての人々を差別なく平等に愛する観点で。人には、周囲に親あり子あり、孫あり、友あり仲間ありと、正に多様なコミュニケーションの花園があり、林が森があり、社会が民族が国が、正に正に、多様性に満ちたコミュニティーが存在している。この豊かなる多様性を視点に置いて、人々が差別感を感じることなく、これこそ、切磋琢磨し合うために、最善にして最強の力を発揮するのが宇宙科学者であり、最も秀れた偉大なる最高峰のアインシュタインも語るように、「愛」なのである。相対性理論を用いながら、簡略的に説明し、結論的に〝愛〟こそが最善最強のエネルギーであり、この世界の全ての知覚存在を救いたいのなら〝愛〟こそが唯一のその答えだ！　その中で「愛は神であり、神は愛だ」と明言している！　私がプロフィールで奇跡が生まれるプロセスを体験を基にして述べた！　ソ連崩壊時に起きた「民族愛」ありて起きた歴史的世界的な大奇跡‼　これも〝博愛〟という。愛の最善にして最強のエネルギーが源であり、命の源である。神創造主の愛を動かし、無血的大革命が成され、今この現実にプーチンが始めた侵略戦争により、ソ連崩壊の完結がなされようとしている。宇宙の、天地の全てに神創造主が愛の無限なるリズムを奏でるが如く抱擁しているのである。――そう、私達一人一人も愛により、成り立ち、一つひとつに愛なくば、幸せの花も実も完成しない‼　愛なくば！　空しい淋しい存在として朽ちるのである。

正に「根源的愛」こそが、最善にして最強のエネルギーなのである。仏法（東洋哲学）が語る「空即是色、色即是空」と、神創造主は二千五百年前に釈尊を通して、相対的関係を伝えて。東洋に思考することの重要性を孔子等々を通して、身近には、天照大神から神武天皇へと継承され、東西文明の合流として、キリスト誕生の前に準備していらしたのである。お解りのように、神創造主は地球的視点で、アダムからノア、モーゼしかしてキリスト、そして現代に格《いた》るまで微に入り、細に入り指導して来られたのである。最も身近には学生時代、キリストの山上の垂訓に感銘した中村哲氏である。キリストが歩まれた道を、誠と義を貫き自らをキリストのように、弱き人々を救う道を身を粉にして、苦悩の道を開拓し、荒廃し砂漠化して行くアフガニスタンのジヤラ・ライバードの大地を緑に生まれ変え、戦火で餓死して行く数十万の人々に、水と穀物を。現地の人々と助け合い創り出した。勿論、日本民族を代表するペシャワール会の支援の中、この大いなる奇跡を起した中村哲医師のような大義人を導かれたのは神創造主であり、多くの日本の良識者の方々は、御存知のように――二〇一九年十二月に暗殺されたことは、前述した通りです。あまりにも素晴らしき大義人を人類は失いました。しかし現地の人々は勿論、日本のペシャワール会の人々に継承されている。世界のリーダーの方々は。真の繁栄と平和の創造のプロセスを、この義人の歩まれた道の尊い礎の中から学ばれることが、多々あると思われます。慟哭を禁じ得ません――

かくの如く、いかに神創造主は私達一人ひとり、人類を深き慈しみの中、見守り導き給うているか!! 正に微に入り、細に入りて指導され給うのである。歴史の人々の歩みに陰になり日向になり、寄り添うように。――歴史を決して崩壊のため、一人ひとりは創って来たのではない筈だ！

崩壊して行く歴史に、人類の歩みに！　指をくわえみるが如き傍観者ではなく、今からでも遅くはない！　歴史に真の命と意味意義を再創造しようではないか‼

魂魄に篤き思いを、炎を迸るが如く‼

壮大なる再創造にロマンの命を燃やそうではないか‼

親を篤く！　子を孫をも、篤く！　人々を思う時は遅くはないのである。決して‼

サア！　真の旅路に！　無知からくる迷走からめざめ！　乖離から覚醒し、自由を高く高く掲げ最高峰の自然科学者、アインシュタインが明言する「愛は神であり、神は愛だ」をも掲げ‼　最善、最強のエネルギーである「愛と希望」を、身につけ、永遠久遠の無限への旅路に出発しよう‼

現実の状勢に対応するため、最善の外交能力を切磋琢磨し、磨き上げながら、同時に、各々の分野の生産性を高揚させ、人類の思いは、神創造主の〝愛〟に抱擁され、励まされ、しかして歓喜しながら、愛のエネルギーを具備し、最善の再創造に意気揚々と進捗を始めるのである！　基本はゆったりと焦ることなく一歩一歩過去の歴史に深く深く学びながら！

神創造主と共に歴史の再創造を指標軸とし、壮大なるロマンへ！　大宇宙へ平和の使徒として、一つひとつの人間関係にあっても。そう、私達は愛に支えられ、命を癒され、力強い喜びを生甲斐を満身に得て！　壮大なるロマンの歴史を――その時、最善にして最強の「愛のエネルギー」が――見守り導くのである。そののちに――自由なる全ての人々が「愛」と同化できるように切磋琢磨することにより、繁栄と平和の道が創られていくのである。壮大なるロマンと共に。

「いつ如何《いか》なる時も
不安は幻想なのです
〝愛〟の思考に立てば
喜びを見い出すのです
人の本当の姿はここに生まれます」

イデオロギーや教条主義ではない。世界を一つに和することができるのは、最善最強の愛のエネルギーによるのである。その愛の本質が解る。そう、出《い》でよ！　レーガン大統領のような、卓越した外交能力を有するグレート・コミュニケーター！

人々の人類の心に希望を！　更には進めて、愛の光を伝えうる！　大統領や首相や国家主席！　出《い》でよ！　今の永遠の時にこそ！

注：ここで過去の人々を責めるのではなく、重大なことは〝気付く〟ことである！　しかして現代人は改めて本来のあり方へ力強く！　進捗することなのである。

著者プロフィール

里山 勝義（さとやま　かつよし）

1945年８月５日、長崎原爆投下数日前に生まれる。

父は私が生まれる数ヶ月前に帰天する。責任上、自らと父を慕う兄共に、他の人達を守り、帰天す。周りの人々から町葬であったと聞かされる。

幼き時は母の影響で教会の聖らかな思いの中で成長する。しかし成長の過程で、社会の不条理を、いやというほど味わう。その為にその不条理の原因を究明するように育つ。自然、神創造主を一如として探究す。

哲学にひかれ宗教を思考し、科学に形としての神を求め、即ち神秘深遠の世界と現象面との相対的関係を探究す。苦悩を超えて！　有神論としての歴史観を、科学、宗教、哲学等々を踏まえて再創造した。これが私のプロフィールである。

神創造主を知り共に生き、トータルな“知”の認識への方向に案内され、更に最善、最強の愛のエネルギーへ案内され“今”という永遠の時に在る。


人類から未来永劫戦争をなくす　そのために

2023年12月15日　初版第１刷発行

著　者　里山 勝義
発行者　瓜谷 綱延
発行所　株式会社文芸社
〒160-0022 東京都新宿区新宿1－10－1
電話 03-5369-3060（代表）
03-5369-2299（販売）

印刷所　株式会社晃陽社

ISBN978-4-286-24553-9